AF311926

Succession de Monsieur C...

TABLEAUX

Aquarelles - Pastels - Dessins

GRAVURES - LITHOGRAPHIES

PARIS — 1913

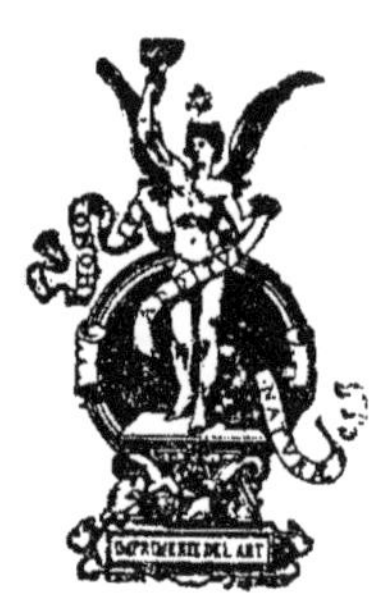

CATALOGUE

DES

TABLEAUX

Par :

BAIL (J.), BERGERET, BOUCHÉ (A.), BOUDIN (E.)
BROWN (J.-L.), BURGERS, CARO-DELVAILLE, CARRERA (A.), CLAUDE (E.)
DAUBIGNY (K.), DELPY (H.-C.), DEVAMBEZ (A.), DREUX (A. DE)
DUPRAY (H.) GABRIEL (J.-J.), GUELDRY, GUMERY, HUGUET, JAPY (L.)
LAMBINET (E.), LAURENS (J.-P.), LEROLLE (H.), MELIN
MEYERHEIM (P.), OUVRIÉ (J.), PELOUSE (G.), RIBOT (T.), RICHET, RIDEL...
VALADON, VEYRASSAT, VOLLON (A.)

AQUARELLES

PASTELS - DESSINS

Par :

ABBEMA (L.), BOUTET, DEVAMBEZ, GŒNEUTTE, GRÉVIN, HELLEU
HUBERT, HUMBERT (F.), MADELEINE LEMAIRE, MESPLÈS, OUVRIÉ (J.)
RANFT, TOUSSAINT, WORMS

LITHOGRAPHIES ET GRAVURES

Dont la vente, par suite du décès de Monsieur C...

AURA LIEU

HOTEL DROUOT, SALLE No 1

LES LUNDI 17 ET MARDI 18 FÉVRIER 1913

à deux heures

Me F. LAIR-DUBREUIL	**MM. J. CHAINE & SIMONSON**
COMMISSAIRE-PRISEUR	EXPERTS
6, rue Favart	19, rue Caumartin

Chez lesquels se distribue le Catalogue

EXPOSITION PUBLIQUE

Le Dimanche 16 Février 1913, Salle No 1, de 1 h. 1/2 à 6 heures

CONDITIONS DE LA VENTE

Elle sera faite au comptant.

Les adjudicataires paieront *dix pour cent* en sus des enchères.

L'exposition permettant aux amateurs de se rendre compte de l'état et de la nature des objets, aucune réclamation, pour quelque cause que ce soit, ne sera admise une fois l'adjudication prononcée.

ORDRE DES VACATIONS

Lundi 17 Février 1913

Tableaux.   1 à 100

Mardi 18 Février 1913

Aquarelles, Pastels. Dessins, Tableaux . . . .   101 à 190

Paris. — Imp. de l'Art, CH. BERGER, 41, rue de la Victoire.

DÉSIGNATION

1re VACATION

TABLEAUX

BAIL (Joseph)

1 — *Objets de piété.*

Signé à droite et daté : *1886.*

Toile. Haut., 92 cent.; larg., 73 cent.

BERGERET

2 — *Crevettes, huîtres, éperlans.*

Signé à droite.

Toile. Haut., 22 cent.; larg., 35 cent.

BOUCHÉ (A.)

3 — *Troupeau de moutons dans la prairie.*

Signé à droite.

Toile. Haut., 31 cent.; larg., 45 cent

BOUDIN

4 — *Un Coin de quai à Paris.*

Signé à droite et daté : *1893.*

Carton. Haut., 13 cent.; larg., 21 cent.

BOUDIN (Attribué à)

5 — *Plage à marée basse.*

Papier. Haut., 10 cent.; larg., 19 cent.

BROWN (John-Lewis)

205   6 — *L'Attelage.*

Signé à droite.

Bois. Haut., 16 cent.; larg., 22 cent

BURGERS

7 — *Une Ville de Hollande.*

Signé à droite.

Bois. Haut., 46 cent : larg., 38 cent.

8 — *Venise.*

Signé à droite.

Toile. Haut.. 33 cent.; larg., 46 cent.

9 — *Venise; la lagune.*

Signé à droite.

Toile. Haut., 31 cent.; larg., 48 cent.

10 — *Venise.*

Signé à droite.

Toile Haut.. 33 cent.; larg.. 46 cent.

11 — *Allée sous bois.*

Signé à droite.

Bois. Haut.. 52 cent.; larg., 21 cent.

12 — *Jeune Femme à la fontaine.*

Signé à droite.

Bois. Haut., 30 cent.; larg., 25 cent.

13 — *Village au bord de l'eau.*

Signé à droite.

Toile. Haut.. 52 cent. larg.. 46 cent.

14 — *Canal à Venise.*

Signé à gauche.

Bois. Haut., 23 cent.; larg.. 14 cent.

BURGERS

15 — *La Gondole.*

    Signé à gauche

        Bois. Haut., 14 cent.; larg., 23 cent.

16 — *La Leçon de piano.*

    Signé à droite.

        Bois. Haut., 32 cent.; larg., 22 cent.

17 — *Venise.*

    Signé à droite.

        Bois. Haut., 16 cent.; larg., 27 cent.

18 — *Le Pont Royal à Paris.*

    Signé à droite.

        Bois. Haut., 24 cent.; larg., 32 cent.

19 — *Jardin public à Venise.*

    Initiale B à gauche.

        Bois. Haut., 19 cent.; larg., 15 cent.

20 — *Venise.*

    Signé à droite.

        Bois. Haut., 19 cent.; larg., 30 cent.

CARO-DELVAILLE (H.)

21 — *Femme à sa toilette.*

    Signé à gauche.

        Toile. Haut., 81 cent.; larg., 65 cent.

CARRERA (A.)

22 — *Esquisse.*

    Signé à droite.

        Carton. Haut., 22 cent.; larg., 27 cent.

23 — *Jeune Femme à la cruche.*

    Signé à gauche et daté : *1908.*

        Toile. Haut., 1 m. 05 cent.; larg., 74 cent.

CÉRAMANO (Attribué à)

24 — *Intérieur de Bergerie.*

> Toile. Haut., 50 cent.; larg., 65 cent.

CLAUDE (E.)

25 — *Abricots et groseilles.*

> Signé à gauche.
>
> Toile. Haut., 25 cent.; larg., 33 cent.

26 — *Fraises.*

> Signé à gauche.
>
> Toile. Haut., 25 cent.; larg., 33 cent.

DAUBIGNY (Karl)

27 — *Lever de lune.*

> Signé à droite.
>
> Toile. Haut., 35 cent.; larg., 61 cent.

DELPY (H.-C.)

28 — *Laveuses au bord d'une rivière.*

> Signé à droite.
>
> Toile. Haut., 38 cent.; larg., 53 cent.

29 — *Le Soir au bord de l'eau.*

> Signé à droite.
>
> Toile. Haut., 24 cent.; larg., 39 cent.

DEVAMBEZ (A.)

30 — *Au théâtre de Montmartre.*

> Signé à gauche.
>
> Toile. Haut., 1 m. 27 cent.; larg., 1 m. 50 cent.

DEVAMBEZ (A.)

31 — *Jean de Capistrano se promenant dans les rues de Pérouse.*

> Esquisse du tableau du Cercle Volney.
>> Bois. Haut., 26 cent.; larg., 32 cent

DEVAMBEZ (A.)

32 — *Le Jour des Étrennes.*

> Signé à gauche.
>> Bois. Haut., 19 cent.; larg., 24 cent.

DEVAMBEZ (A.)

33 — *Le Réveillon.*

> Signé à droite.
>> Bois. Haut., 18 cent.; larg., 26 cent.

DEVAMBEZ (A.)

34 — *Les Etrennes du bon riche.*

> Signé à gauche.
>> Bois. Haut., 26 cent.; larg., 19 cent.

DREUX (Alfred de)

35 — *Amazone sur un cheval blanc, un épagneul blanc l'accompagne.*

> Signé à gauche et daté : *1848.*
>> Toile. Haut., 97 cent.; larg., 74 cent.

36 — *Amazone sur un cheval noir, un chien noir, en avant.*

> Initiales A. D. à gauche
>> Carton. Haut., 30 cent.; larg., 24 cent.

DUPRAY (H.)

37 — *Cosaque de la Garde Impériale.*

Signé à gauche.

Bois. Haut., 33 cent.; larg., 24 cent.

38 — *Un Cuirassier.*

Signé à droite.

Toile. Haut., 55 cent.; larg., 46 cent.

FABIUS-BREST

39 — *Environs de Constantinople.*

Signé à gauche.

Bois. Haut., 13 cent.; larg., 10 cent.

40 — *Constantinople.*

Signé à droite.

Toile. Haut., 30 cent.; larg., 50 cent.

GABRIEL (J.-J.)

41 — *Venise la nuit.*

Initiale à droite.

Bois. Haut., 13 cent.; larg., 20 cent.

42 — *Place Saint-Marc.*

Initiale à droite.

Bois. Haut., 15 cent.; larg., 23 cent.

43 — *L'Abreuvoir.*

Signé à gauche.

Toile. Haut., 54 cent.; larg., 68 cent.

44 — *Vue d'un château.*

Signé à droite.

Bois. Haut., 45 cent., larg., 35 cent.

GAUTIER (Amand)

45 — *Nature morte.*

Signé en haut à gauche et daté : *1889.*

Toile. Haut., 54 cent ; larg., 73 cent.

GUELDRY

46 — *Les Canotiers.*

Signé à droite.

Toile. Haut., 54 cent.; larg., 73 cent.

GUMERY (A.)

47 — *Jeune paysanne tricotant.*

Signé à gauche.

Bois. Haut., 35 cent.; larg., 27 cent.

HUGUET (V.)

48 — *Une rue au Caire.*

Signé à gauche.

Bois. Haut., 33 cent.; larg., 24 cent.

JAPY (L.)

49 — *La Saulaie.*

Signé à droite et daté : 72.

Toile. Haut., 70 cent.; larg., 1 mètre.

JAPY (L.)

50 — *Paysage d'automne.*

Signé à droite.

Toile. Haut., 34 cent.; larg., 46 cent.

51 — *Plage à marée basse.*

Signé à droite.

Toile. Haut., 27 cent.; larg., 42 cent.

JEANNIN

52 — *Nature morte.*

Signé à gauche.

Toile. Haut., 46 cent.; larg., 56 cent.

JONGHE (DE)

53 — *Le Repos.*

Signé à gauche.

Bois. Haut., 38 cent.; larg., 46 cent.

KUWASSEG (C.)

54 — *Vue du Port de Mariakerke. (Belgique.)*

Signé à gauche.

Toile. Haut., 33 cent.; larg., 46 cent.

LAMBINET (E.)

55 — *Pâturages.*

Signé à gauche.

Toile. Haut., 27 cent.; larg., 41 cent

LAUGÉ (A.)

56 — *Paysage.*

Signé à droite.

Toile. Haut., 55 cent.; larg., 73 cent.

LAURENS (J.-P.)

57 — *Un Gaulois.*

Signé à gauche

Toile. Haut., 46 cent.; larg., 33 cent.

LEROLLE (H.)

58 — *Jeune Femme lisant.*

Signé à gauche.

Bois. Haut., 16 cent.; larg., 13 cent.

LOBRICHON

59 — *Les Enfants de la crèche en promenade*

Signé à droite.

Bois. Haut., 32 cent. ; larg., 56 cent.

MELIN

60 — *Chien de meute blessé.*

Cachet de la vente à droite.

Toile. Haut., 33 cent.; larg., 41 cent.

MEIREN (Jean-Baptiste Vander)

61 — *Charge de cavalerie.*

Signé à droite.

Cuivre. Haut., 15 cent.; larg., 20 cent. 1/2

MEYERHEIM (P.)

62 — *Les Singes.*

Signé à gauche et daté : *1865.*

Bois. Haut., 24 cent.; larg., 38 cent.

MONTICELLI (Genre de)

63 — *Réunion de Jeunes Femmes.*

Bois. Haut., 36 cent.; larg., 56 cent.

MOTELEY (F.)

64 — *Chaumières sous la neige.*

Signé à gauche.

Toile. Haut., 39 cent.; larg., 61 cent.

MOULLION (A.)

65 — *Entrée de Village.*

Signé à droite.

Toile. Haut., 39 cent.; larg., 56 cent.

OUVRIÉ (Justin)

66 — *Maisons au bord d'une rivière.*

Signé à droite.

Bois. Haut., 12 cent ; larg , 22 cent

PELOUSE (G.)

67 — *Brumes d'automne.*

Signé à droite.

Toile. Haut., 60 cent.; larg., 93 cent.

PEZANT (A.)

68 — *Animaux au pâturage.*

Signé à droite.

Toile. Haut., 33 cent.; larg., 46 cent.

PONSAN (D.)

69 — *Animaux sous bois.*

Signé à droite.

Toile. Haut., 27 cent.; larg., 40 cent.

RECIPON

70 — *Attelage traversant un gué.*

Signé à droite.

Carton. Haut., 27 cent.: larg., 35 cent

RIBOT (T.)

71 — *Tête de Moine.*

Signé à gauche.

Toile. Haut., 56 cent.; larg , 47 cent.

RIBOT (Germaine)

72 — *Nature morte.*
Signé à droite.

Toile. Haut., 33 cent.; larg., 41 cent.

RICHET (Léon)

73 — *L'Etang, soleil couchant.*
Signé à droite.

Toile. Haut., 41 cent.; larg., 61 cent.

74 — *Paysage.*
Signé à gauche.

Bois. Haut., 27 cent.; larg., 37 cent.

75 — *Bords de rivière.*
Signé à gauche.

Toile. Haut., 56 cent.; larg., 46 cent.

RIDEL (L.)

76 — *Femm : à l'ombrelle.*
Signé en haut a gauche.

Bois. Haut., 46 cent.; larg., 38 cent.

TASSAERT (Attribué à)

77 — *Faunes et Faunesse.*

Bois. Haut., 33 cent.; larg., 23 cent.

VALADON (J.)

78 — *Tête de Femme coiffée d'une étoffe blanche.*
Signé en haut à droite.

Toile. Haut., 41 cent.; larg., 31 cent.

79 — *Sujet religieux.*
Signé en haut à droite.
Cadre en bois sculpté.

Bois. Haut., 22 cent.; larg., 18 cent.

VALADON (J.)

80 — *Fleurs; esquisse.*

Signé à droite.

Bois. Haut., 25 cent. ; larg., 17 cent.

81 — *Nature morte.*

Signé à droite.

Bois. Haut., 24 cent.; larg., 18 cent.

82 — *Sainte Femme sur son lit de mort.*

Signé à droite.

Bois. Haut., 16 cent.; larg., 24 cent.

83 — *Adam et Eve.*

Signé à droite.

Bois. Haut., 14 cent.; larg., 23 cent.

84 — *La Famille.*

Signé à droite.

Bois. Haut., 21 cent.; larg., 14 cent.

85 — *Tête de Vieillard.*

Signé à droite.

Bois. Haut., 10 cent. 1/2. ; larg., 8 cent.

86 — *Le Poéle.*

Signé à droite.

Bois. Haut., 25 cent.; larg., 19 cent.

87 — *Tête de Moine.*

Signé à droite.

Toile. Haut., 63 cent.; larg., 48 cent.

88 — *Une Oie plumée.*

Signé à droite.

Toile. Haut., 80 cent.; larg., 50 cent.

89 — *Etude de nu.*

Signé à gauche.

Bois. Haut., 28 cent.; larg., 22 cent.

VALADON (J.)

90 — *Paysage; esquisse.*
Signé à droite.
Bois. Haut., 19 cent.; larg., 35 cent.

91 — *Paysanne au puits.*
Signé à droite.
Toile. Haut., 42 cent. ; larg., 28 cent.

92 — *La Vénus de Milo.*

93 — *Le Buste.*

94 — *Paysage; effet de nuit.*

95 — *Nature morte.*
Signé à droite.
Toile. Haut., 42 cent ; larg., 27 cent.

96 — *Tête de Femme.*
Signé à droite.
Bois. Haut., 27 cent.; larg., 22 cent.

97 — *Nature morte.*
Signé à droite.
Bois. Haut., 20 cent. ; larg., 39 cent.

98 — *Une Vielleuse.*
Signé à droite.
Toile. Haut., 27 cent.; larg., 22 ecnt.

VEYRASSAT (J.)

99 — *Vaches s'abreuvant à la rivière.*
Signé à droite.
Bois. Haut., 7 cent. 1/2 ; larg., 16 cent.

VOLLON (A)

100 — *Fleurs dans un vase.*
Signé à gauche.
Toile. Haut., 56 cent.; larg., 38 cent.

AQUARELLES, PASTELS
DESSINS
TABLEAUX

ABBEMA (Louise)

101 — *Eventail.*

    Aquarelle. Signée à gauche.

BOUTET (H.)

102 — *Danseuse attachant son chausson.*

    Pastel. Signé à droite.

        Haut., 73 cent.; larg., 54 cent.

103 — *Danseuse debout.*

    Pastel. Signé à droite.

        Haut., 88 cent.; larg., 53 cent.

104 — *Danseuse.*

    Pastel. Signé à gauche.

        Haut., 75 cent.; larg., 50 cent.

105 — *Danseuse.*

    Pastel. Signé à gauche.

        Haut., 75 cent.; larg., 50 cent.

106 — *Danseuse au repos.*

    Pastel.

        Haut., 65 cent.; larg., 47 cent.

BOUTET (H.)

107 — *Danseuse; esquisse.*

Pastel.

Haut., 60 cent.; larg., 44 cent.

108 — *Danseuse.*

Haut., 65 cent.; larg., 44 cent.

DEVAMBEZ (A.)

109 — *Les Incompris.*

Pastel.

Haut., 75 cent.; larg., 1 mètre.

DEVAMBEZ (A.)

110 — *Grand défilé du théâtre de Victor Hugo.*

Aquarelle. Signée à gauche.

Vue. Haut, 35 cent ; larg., 47 cent.

DEVAMBEZ (A.)

111 — *La Panique.*

Aquarelle. Signée à droite.

Vue. Haut., 29 cent.; larg., 42 cent.

DEVAMBEZ (A.)

112 — *Magasin d'Estampes au XVIe siècle.*

Aquarelle. Signée à droite.

Vue. Haut., 19 cent.; larg., 25 cent.

DIAZ (Attribué à N.)

113 — *Paysage.*

Aquarelle. Signée à droite et datée : *1852.*

ELVEN (Van)

114 — *Le Pont-Neuf à Paris.*
Aquarelle. Signée à droite.

FAVIER (E.)

115 — *Torse de Femme.*
Pastel. Signé à droite.

GAGNÉ

116 — *Le Parc de Bourbonne-les-Bains.*
Aquarelle.

GAVARNI

117 — *Femme au châle rouge.*
Aquarelle. Signée à gauche.

GŒNEUTTE (Norbert)

118 — *Jeune Femme.*
Pastel. Signé à droite.

GRÉVIN

119 — Deux dessins rehaussés de gouache.
Cachets de la vente.

120 — *Le Modèle.*
Dessin. Signé à droite.

121 — *Femme en costume.*
Dessin. Signé à droite.

HELLER (E.)

122 — *Cardinal prenant son café.*
Aquarelle. Signée à droite.

HELLEU

123 — *Têtes de Femmes.*

Dessin rehaussé de sanguine. Signé à gauche.

HUBERT (Henry)

124 — *Cadre contenant trois éventails : fleurs.*

Aquarelle.

125 — *Fleurs des champs.*

Aquarelle. Signée à droite.
Vue. Haut., 54 cent; larg., 70 cent.

126 — *Pivoines.*

Aquarelle. Signée à droite.
Vue. Haut., 46 cent.; larg., 72 cent.

127 — *Roses.*

Aquarelle. Signée à droite.
Vue. Haut., 47 cent.; larg., 64 cent.

HUMBERT (F.)

128 — *L'Aurore*

Esquisse pour un plafond.
Pastel signé à gauche.

INCONNUS

129 — *Soldats assis.*

Deux dessins.

LEMAIRE (Madeleine)

130 — *Les Roses.*

Aquarelle. Signée à droite.
Vue. Haut., 99 cent.; larg., 67 cent.

MESPLÈS (E.)

131 — *Danseuse.*
> Aquarelle. Signée à droite.

132 — *La Danse.*
> Pastel.

OUVRIÉ (Justin)

133 — *Entrée de village dans le Tyrol.*
> Aquarelle. Signée à droite : *1847.*

RANFT (Richard)

134 — *Dans les coulisses ; La Figuration.*
> Pastel.

135 — *Loge d'artiste.*
> Pastel.

RODIN (Attribué à A.)

136 — *Croquis à la mine de plomb.*

SIMONT

137 — *Jeune Femme en toilette noire.*
> Dessin. Signé à droite.

TOUSSAINT (H.)

138 — *Un Fort à marée basse.*
> Aquarelle Signée à gauche.

139 — *Le Bac.*
> Aquarelle. Signée à gauche.

TOUSSAINT (H.)

140 — *L'Entrée d'un port.*
Aquarelle. Signée à droite.

141 — *La Tamise à Londres.*
Aquarelle. Signée à droite.

142 — *Saint Valéry.*
Aquarelle. Signée à gauche.

VANDRIESTEN (J.)

143 — *La Flandre Wallone au* vɪᵉ *siècle.* (*Fondation de Lille*).
Aquarelle. Signée à droite.

VILLATI

144 — *Les Mousquetaires.*
Dessin à la plume.

WORMS (J.)

145 — *Espagnole.*
Aquarelle. Signée à droite.

INCONNUS

146 — *Portrait d'Enfant ; esquisse.*

147 — *Vieilles maisons.*

148 — *Esquisse.*

149 — *Le Moulin.*
Initiales : CH. R.

INCONNUS

150 — *Régiment de cavalerie.*
Initiales : S. R.

151 — *Paysage ; effet d'orage.*

152 — *Deux Chiens.*

153 — *Environs de Moret.*
Initiale S : *1885.*

154 — *La Mare en plaine.*

155 — *Roger délivrant Angélique.*

156 — *Tête de Femme,* d'après HENNER.

157 — *Femme nue,* d'après HENNER.

158 — *La Galerie des armures.*

159 — *Le Buveur.* (École flamande.)

160 — *La Présentation des cadeaux.* (École française.)

GRAVURES

LITHOGRAPHIES ET EAUX-FORTES

BRUNET (A.)

161 — *Le Bénédicité.*
Gravure en couleurs, d'après CHARDIN.

CLOUET (D'après)

162 — *François Ier à cheval.*
Gravure en couleurs : n° 26. Tirage limité.
(Édition Manzi-Joyant.)

DEVAMBEZ (A.)

163 — *Les Projets de l'année prochaine.*
Lithographie.

164 — *Un Magasin d'Estampes au XVIe siècle.*
Gravure en couleur.

165 — *La Charge.*
Lithographie.

166 — *Au Théâtre de Montmartre.*
Gravure.

HELLEU

167 — *Jeune Femme lisant.*
Lithographie.

RAFFAELLI

168 — *Le Chemineau.*
>Eau-forte.

169 à 185 — Dix-sept éventails.
>Lithographies d'après : A. Crère, Coordain, Eliot, Job, Destouches, J. Chéret, Dillon, Noel Dorville, Mirande, Vallet, Burret, J. Belon, L. Métivet, Léandre, Gottlor, Abel Truchet, ?

TERRES CUITES

NINI

186 — *Franklin.* « Il dirige la foudre et brave les tyrans » MDCCLXXVIII.
>Creux en terre cuite.

NINI

187 — *Portrait de Michel Foucault.*
>Médaillon, terre cuite.

188 — *Portrait de Franklin.*
>Médaillon, terre cuite.

189 — *Portrait de Hiacinthe de Rigaud, comte de Vaudreuil.*
>Médaillon, terre cuite. A été recollé.

190 — Sous ce numéro les objets non catalogués.